AF132084

Le journal de mes invitations

Ce journal appartient à :

....

Si vous l'avez trouvé, merci de l'en informer :

☎ : ....

✉ : ....@...................

Edition : BoD - Books on Demand
12/14 rond-point des Champs Elysées, 75008 Paris
Imprimé par Books on Demand GmbH, Norderstedt, Allemagne
ISBN : 9782322198108
Dépôt légal : Février 2021

Sommaire

Le répertoire de mes amis p.9

Mes invitations :

date	chez	page
		p.56
		p.58
		p.60
		p.62
		p.64
		p.66
		p.68
		p.70
		p.72
		p.74
		p.76
		p.78
		p.80
		p.82
		p.84
		p.86
		p.88
		p.90
		p.92
		p.94

date	chez	page
		p.96
		p.98
		p.100
		p.102
		p.104
		p.106
		p.108
		p.110
		p.112
		p.114
		p.116
		p.118
		p.120
		p.122
		p.124
		p.126
		P.128
		p.130
		p.132
		p.134

Les bonnes recettes des copines p.137
Les bonnes idées des copines.................... p.149
Mes notes personnelles p.163

Répertoire de mes amis

Prénom & Nom ....

☎ : .... - .... - .... - ....

✉ : .... @ ....

Prénom & Nom ....

☎ : .... - .... - .... - ....

✉ : .... @ ....

Prénom & Nom ....

☎ : .... - .... - .... - ....

✉ : .... @ ....

𝒫rénom & 𝒩om ....

☎ : .... - .... - .... - ....

✉ : ....@..

𝒫rénom & 𝒩om ....

☎ : .... - .... - .... - ....

✉ : ....@..

𝒫rénom & 𝒩om ....

☎ : .... - .... - .... - ....

✉ : ....@..

𝒫rénom & 𝒩om ....

☎ : .... - .... - .... - ....

✉ : ....@..

Prénom & Nom...

☎ : .... - .... - .... - ....

✉ : ....@........................

Prénom & Nom...

☎ : .... - .... - .... - ....

✉ : ....@........................

Prénom & Nom...

☎ : .... - .... - .... - ....

✉ : ....@........................

𝒫rénom & 𝒩om ....

☎ : .... - .... - .... - ....

✉ : ....@....................

𝒫rénom & 𝒩om ....

☎ : .... - .... - .... - ....

✉ : ....@....................

𝒫rénom & 𝒩om ....

☎ : .... - .... - .... - ....

✉ : ....@....................

𝒫rénom & 𝒩om ....

☎ : .... - .... - .... - ....

✉ : ....@....................

𝒫rénom & 𝒩om ....

☎ : .... - .... - .... - ....

✉ : ....@ ....

𝒫rénom & 𝒩om ....

☎ : .... - .... - .... - ....

✉ : ....@ ....

𝒫rénom & 𝒩om ....

☎ : .... - .... - .... - ....

✉ : ....@ ....

Prénom & Nom ....

☎ : .... - .... - .... - ....

✉ : .... @ ....

Prénom & Nom ....

☎ : .... - .... - .... - ....

✉ : .... @ ....

Prénom & Nom ....

☎ : .... - .... - .... - ....

✉ : .... @ ....

Prénom & Nom ....

☎ : .... - .... - .... - ....

✉ : .... @ ....

Prénom & Nom ....

☎ : .... - .... - .... - ....

✉ : .... @ ....

Prénom & Nom ....

☎ : .... - .... - .... - ....

✉ : .... @ ....

Prénom & Nom ....

☎ : .... - .... - .... - ....

✉ : .... @ ....

𝒫rénom & 𝒩om ....

☎: .... - .... - .... - ....

✉: ....@...........................

𝒫rénom & 𝒩om ....

☎: .... - .... - .... - ....

✉: ....@...........................

𝒫rénom & 𝒩om ....

☎: .... - .... - .... - ....

✉: ....@...........................

𝒫rénom & 𝒩om ....

☎: .... - .... - .... - ....

✉: ....@...........................

 $\mathcal{P}$ rénom & $\mathcal{N}$ om ....

☎ : .... - .... - .... - .... - ....

✉ : ....@ ....

 $\mathcal{P}$ rénom & $\mathcal{N}$ om ....

☎ : .... - .... - .... - .... - ....

✉ : ....@ ....

 $\mathcal{P}$ rénom & $\mathcal{N}$ om ....

☎ : .... - .... - .... - .... - ....

✉ : ....@ ....

Ρrénom & Νom ....

☎: .... - .... - .... - ....

✉: ....@ ....

Ρrénom & Νom ....

☎: .... - .... - .... - ....

✉: ....@ ....

Ρrénom & Νom ....

☎: .... - .... - .... - ....

✉: ....@ ....

Ρrénom & Νom ....

☎: .... - .... - .... - ....

✉: ....@ ....

Prénom & Nom ....

☎: .... - .... - .... - ....

✉: ....@..............................

Prénom & Nom ....

☎: .... - .... - .... - ....

✉: ....@..............................

Prénom & Nom ....

☎: .... - .... - .... - ....

✉: ....@..............................

Prénom & Nom ....

☎ : .... - .... - .... - ....

✉ : .... @ ....

Prénom & Nom ....

☎ : .... - .... - .... - ....

✉ : .... @ ....

Prénom & Nom ....

☎ : .... - .... - .... - ....

✉ : .... @ ....

Prénom & Nom ....

☎ : .... - .... - .... - ....

✉ : .... @ ....

Prénom & Nom ....

☎ : .... - .... - .... - ....

✉ : .... @ ....

Prénom & Nom ....

☎ : .... - .... - .... - ....

✉ : .... @ ....

Prénom & Nom ....

☎ : .... - .... - .... - ....

✉ : .... @ ....

Prénom & Nom ....

☎ : .... - .... - .... - ....

✉ : .... @ ....

Prénom & Nom ....

☎ : .... - .... - .... - ....

✉ : .... @ ....

Prénom & Nom ....

☎ : .... - .... - .... - ....

✉ : .... @ ....

Prénom & Nom ....

☎ : .... - .... - .... - ....

✉ : .... @ ....

𝒫rénom & 𝒩om ....

☎ : .... - .... - .... - ....

✉ : ....@ ....

𝒫rénom & 𝒩om ....

☎ : .... - .... - .... - ....

✉ : ....@ ....

𝒫rénom & 𝒩om ....

☎ : .... - .... - .... - ....

✉ : ....@ ....

Prénom & Nom ....

☎ : .... - .... - .... - ....

✉ : .... @ ....

Prénom & Nom ....

☎ : .... - .... - .... - ....

✉ : .... @ ....

Prénom & Nom ....

☎ : .... - .... - .... - ....

✉ : .... @ ....

Prénom & Nom ....

☎ : .... - .... - .... - ....

✉ : .... @ ....

𝓟rénom & 𝓝om ....

☎ : .... - .... - .... - ....

✉ : .... @ ....

𝓟rénom & 𝓝om ....

☎ : .... - .... - .... - ....

✉ : .... @ ....

𝓟rénom & 𝓝om ....

☎ : .... - .... - .... - ....

✉ : .... @ ....

Prénom & Nom ....

☎: .... - .... - .... - ....

✉: ....@..........................

Prénom & Nom ....

☎: .... - .... - .... - ....

✉: ....@..........................

Prénom & Nom ....

☎: .... - .... - .... - ....

✉: ....@..........................

Prénom & Nom ....

☎: .... - .... - .... - ....

✉: ....@..........................

J

$\mathcal{P}$rénom & $\mathcal{N}$om ....

☎ : .... - .... - .... - ....

✉ : .... @ ....

$\mathcal{P}$rénom & $\mathcal{N}$om ....

☎ : .... - .... - .... - ....

✉ : .... @ ....

$\mathcal{P}$rénom & $\mathcal{N}$om ....

☎ : .... - .... - .... - ....

✉ : .... @ ....

Prénom & Nom ....

☎ : .... - .... - .... - ....

✉ : .... @ ....

Prénom & Nom ....

☎ : .... - .... - .... - ....

✉ : .... @ ....

Prénom & Nom ....

☎ : .... - .... - .... - ....

✉ : .... @ ....

Prénom & Nom ....

☎ : .... - .... - .... - ....

✉ : ....@.................................

Prénom & Nom ....

☎ : .... - .... - .... - ....

✉ : ....@.................................

Prénom & Nom ....

☎ : .... - .... - .... - ....

✉ : ....@.................................

Prénom & Nom ....

☎: .... - .... - .... - ....

✉: .... @ ....

Prénom & Nom ....

☎: .... - .... - .... - ....

✉: .... @ ....

Prénom & Nom ....

☎: .... - .... - .... - ....

✉: .... @ ....

Prénom & Nom ....

☎: .... - .... - .... - ....

✉: .... @ ....

31

Prénom & Nom ....

☎ : ..................-................-................-................

✉ : ....@...................................

Prénom & Nom ....

☎ : ..................-................-................-................

✉ : ....@...................................

Prénom & Nom ....

☎ : ..................-................-................-................

✉ : ....@...................................

Prénom & Nom ....

☎ : .... - .... - .... - ....

✉ : ....@ ....

Prénom & Nom ....

☎ : .... - .... - .... - ....

✉ : ....@ ....

Prénom & Nom ....

☎ : .... - .... - .... - ....

✉ : ....@ ....

Prénom & Nom ....

☎ : .... - .... - .... - ....

✉ : ....@ ....

Ƥrénom & Ɲom ....

☎ : .... - .... - .... - ....

✉ : ....@...............................

Ƥrénom & Ɲom ....

☎ : .... - .... - .... - ....

✉ : ....@...............................

Ƥrénom & Ɲom ....

☎ : .... - .... - .... - ....

✉ : ....@...............................

Prénom & Nom

☎: .... - .... - .... - ....

✉: ....@................................

Prénom & Nom

☎: .... - .... - .... - ....

✉: ....@................................

Prénom & Nom

☎: .... - .... - .... - ....

✉: ....@................................

Prénom & Nom

☎: .... - .... - .... - ....

✉: ....@................................

𝒫rénom & 𝒩om ....

📞: .... - .... - .... - ....

✉: ....@...

𝒫rénom & 𝒩om ....

📞: .... - .... - .... - ....

✉: ....@...

𝒫rénom & 𝒩om ....

📞: .... - .... - .... - ....

✉: ....@...

Prénom & Nom ....

☎ : .... - .... - .... - .... - ....

✉ : ....@ ....

Prénom & Nom ....

☎ : .... - .... - .... - .... - ....

✉ : ....@ ....

Prénom & Nom ....

☎ : .... - .... - .... - .... - ....

✉ : ....@ ....

Prénom & Nom ....

☎ : .... - .... - .... - .... - ....

✉ : ....@ ....

Prénom & Nom ....

☎: .... - .... - .... - ....

✉: ....@...

Prénom & Nom ....

☎: .... - .... - .... - ....

✉: ....@...

Prénom & Nom ....

☎: .... - .... - .... - ....

✉: ....@...

𝒫rénom & 𝒩om ....

☎ : .... - .... - .... - ....

✉ : .... @ ....

𝒫rénom & 𝒩om ....

☎ : .... - .... - .... - ....

✉ : .... @ ....

𝒫rénom & 𝒩om ....

☎ : .... - .... - .... - ....

✉ : .... @ ....

𝒫rénom & 𝒩om ....

☎ : .... - .... - .... - ....

✉ : .... @ ....

𝒫rénom & 𝒩om ....

☎ : .... - .... - .... - ....

✉ : .... @ ....

𝒫rénom & 𝒩om ....

☎ : .... - .... - .... - ....

✉ : .... @ ....

𝒫rénom & 𝒩om ....

☎ : .... - .... - .... - ....

✉ : .... @ ....

Prénom & Nom ....

☎ : .... - .... - .... - ....

✉ : .... @ ....

Prénom & Nom ....

☎ : .... - .... - .... - ....

✉ : .... @ ....

Prénom & Nom ....

☎ : .... - .... - .... - ....

✉ : .... @ ....

Prénom & Nom ....

☎ : ................-................-................-................

✉ : ....@........................

Prénom & Nom ....

☎ : ................-................-................-................

✉ : ....@........................

Prénom & Nom ....

☎ : ................-................-................-................

✉ : ....@........................

$\mathcal{P}$rénom & $\mathcal{N}$om ....

☎: .... - .... - .... - ....

✉: .... @ ....

$\mathcal{P}$rénom & $\mathcal{N}$om ....

☎: .... - .... - .... - ....

✉: .... @ ....

$\mathcal{P}$rénom & $\mathcal{N}$om ....

☎: .... - .... - .... - ....

✉: .... @ ....

$\mathcal{P}$rénom & $\mathcal{N}$om ....

☎: .... - .... - .... - ....

✉: .... @ ....

Prénom & Nom ....

☎ : .... - .... - .... - ....

✉ : .... @ ....

Prénom & Nom ....

☎ : .... - .... - .... - ....

✉ : .... @ ....

Prénom & Nom ....

☎ : .... - .... - .... - ....

✉ : .... @ ....

𝒫rénom & 𝒩om ....

☎ : .... - .... - .... - ....

✉ : .... @ ....

𝒫rénom & 𝒩om ....

☎ : .... - .... - .... - ....

✉ : .... @ ....

𝒫rénom & 𝒩om ....

☎ : .... - .... - .... - ....

✉ : .... @ ....

𝒫rénom & 𝒩om ....

☎ : .... - .... - .... - ....

✉ : .... @ ....

Prénom & Nom ....

☎ : .... - .... - .... - ....

✉ : .... @ ....

Prénom & Nom ....

☎ : .... - .... - .... - ....

✉ : .... @ ....

Prénom & Nom ....

☎ : .... - .... - .... - ....

✉ : .... @ ....

Prénom & Nom ....

☎: .... - .... - .... - ....

✉: .... @ ....

Prénom & Nom ....

☎: .... - .... - .... - ....

✉: .... @ ....

Prénom & Nom ....

☎: .... - .... - .... - ....

✉: .... @ ....

Prénom & Nom ....

☎ : .... - .... - .... - ....

✉ : ....@......................................

Prénom & Nom ....

☎ : .... - .... - .... - ....

✉ : ....@......................................

Prénom & Nom ....

☎ : .... - .... - .... - ....

✉ : ....@......................................

X

Prénom & Nom ....

 **:** .... - .... - .... - ....

✉ **:** .... @ ....

Prénom & Nom ....

☎ **:** .... - .... - .... - ....

✉ **:** .... @ ....

Prénom & Nom ....

☎ **:** .... - .... - .... - ....

✉ **:** .... @ ....

Prénom & Nom ....

☎ : .... - .... - .... - ....

✉ : .... @ ....

Prénom & Nom ....

☎ : .... - .... - .... - ....

✉ : .... @ ....

Prénom & Nom ....

☎ : .... - .... - .... - ....

✉ : .... @ ....

Prénom & Nom ....

☎ : .... - .... - .... - ....

✉ : .... @ ....

Prénom & Nom ....

☎ : .... - .... - .... - ....

✉ : .... @ ....

Prénom & Nom ....

☎ : .... - .... - .... - ....

✉ : .... @ ....

Autres coordonnées...

☎: ....

☎: .... - .... - .... - ....

✉: .... @ ....

☎: ....

☎: .... - .... - .... - ....

✉: .... @ ....

☎: ....

☎: .... - .... - .... - ....

✉: .... @ ....

☎: ....

☎: .... - .... - .... - ....

✉: .... @ ....

☎: .... - ...... - ...... - ......

✉: .... @ ....

☎: .... - ...... - ...... - ......

✉: .... @ ....

☎: .... - ...... - ...... - ......

✉: .... @ ....

☎: .... - ...... - ...... - ......

✉: .... @ ....

☎: .... - ...... - ...... - ......

✉: .... @ ....

Mes invitations

Invitation du :
Chez :
Evènement fêté :
Personnes présentes :

J'ai apporté :

Ma tenue vestimentaire :

Le menu

Apéritif :

Entrée :

Plats :

Fromages :

Dessert :

Vins :

Mes notes personnelles sur cette soirée...

Invitation du :

Chez :

Evènement fêté :

Personnes présentes :

J'ai apporté :

Ma tenue vestimentaire :

Le menu

Apéritif :

Entrée :

Plats :

Fromages :

Dessert :

Vins :

Mes notes personnelles sur cette soirée...

Invitation du :

Chez :

Evènement fêté :

Personnes présentes :

J'ai apporté :

Ma tenue vestimentaire :

Le menu

Apéritif :

Entrée :

Plats :

Fromages :

Dessert :

Vins :

Mes notes personnelles sur cette soirée...

Invitation du : ....

Chez : ....

Evènement fêté : ....

Personnes présentes : ....

....

J'ai apporté : ....

....

Ma tenue vestimentaire : ....

....

....

Le menu

Apéritif : ....

Entrée : ....

Plats : ....

Fromages : ....

Dessert : ....

Vins : ....

Mes notes personnelles sur cette soirée...

Invitation du : ....

Chez : ....

Evènement fêté : ....

Personnes présentes : ....

....

J'ai apporté : ....

.... *Ma tenue vestimentaire :* ....

....

....

Le menu

Apéritif : ....

Entrée : ....

Plats : ....

Fromages : ....

Dessert : ....

Vins : ....

Mes notes personnelles sur cette soirée...

Invitation du : ....

Chez : ....

Évènement fêté : ....

Personnes présentes : ....

....

J'ai apporté : ....

Ma tenue vestimentaire : ....
....
....

Le menu

Apéritif : ....

Entrée : ....

Plats : ....

Fromages : ....

Dessert : ....

Vins : ....

Mes notes personnelles sur cette soirée...

Invitation du :

Chez :

Évènement fêté :

Personnes présentes :

J'ai apporté :

Ma tenue vestimentaire :

Le menu

Apéritif :

Entrée :

Plats :

Fromages :

Dessert :

Vins :

Mes notes personnelles sur cette soirée...

Invitation du : ....

Chez : ....

Evènement fêté : ....

Personnes présentes : ....

....

J'ai apporté : ....

....

Ma tenue vestimentaire : ....

....

....

Le menu

Apéritif : ....

Entrée : ....

Plats : ....

Fromages : ....

Dessert : ....

Vins : ....

Mes notes personnelles sur cette soirée...

Invitation du : ....

Chez : ....

Evènement fêté : ....

Personnes présentes : ....

....

J'ai apporté : ....

Ma tenue vestimentaire : ....

....

....

Le menu

Apéritif : ....

Entrée : ....

Plats : ....

Fromages : ....

Dessert : ....

Vins : ....

Mes notes personnelles sur cette soirée...

Invitation du :
Chez :
Evènement fêté :
Personnes présentes :

J'ai apporté :

Ma tenue vestimentaire :

Le menu

Apéritif :

Entrée :

Plats :

Fromages :

Dessert :

Vins :

Mes notes personnelles sur cette soirée...

Invitation du : ....

Chez : ....

Évènement fêté : ....

Personnes présentes : ....

....

J'ai apporté : ....

....

Ma tenue vestimentaire : ....

....

....

Le menu

Apéritif : ....

Entrée : ....

Plats : ....

Fromages : ....

Dessert : ....

Vins : ....

Mes notes personnelles sur cette soirée...

Invitation du : ....

Chez :

Evènement fêté : ....

Personnes présentes : ....
....

J'ai apporté : ....
....

Ma tenue vestimentaire : ....
....
....

Le menu

Apéritif : ....

Entrée : ....

Plats : ....

Fromages : ....

Dessert : ....

Vins : ....

Mes notes personnelles sur cette soirée...

Invitation du :

Chez :

Evènement fêté :

Personnes présentes :

J'ai apporté :

Ma tenue vestimentaire :

Le menu

Apéritif :

Entrée :

Plats :

Fromages :

Dessert :

Vins :

Mes notes personnelles sur cette soirée...

Invitation du :
Chez :
Evènement fêté :
Personnes présentes :

J'ai apporté :

Ma tenue vestimentaire :

Le menu

Apéritif :

Entrée :

Plats :

Fromages :

Dessert :

Vins :

Mes notes personnelles sur cette soirée...

Invitation du : ....

Chez : ....

Evènement fêté : ....

Personnes présentes : ....
....

J'ai apporté : ....

Ma tenue vestimentaire : ....
....
....
....

Le menu

Apéritif : ....

Entrée : ....

Plats : ....

Fromages : ....

Dessert : ....

Vins : ....

Mes notes personnelles sur cette soirée...

Invitation du : ....
Chez :
Evènement fêté : ....
Personnes présentes : ....

J'ai apporté : ....

Ma tenue vestimentaire : ....

Le menu

Apéritif : ....

Entrée : ....

Plats : ....

Fromages : ....

Dessert : ....

Vins : ....

Mes notes personnelles sur cette soirée...

Invitation du : ....
Chez :
Évènement fêté : ....
Personnes présentes : ....

J'ai apporté : ....

Ma tenue vestimentaire : ....

Le menu

Apéritif : ....

Entrée : ....

Plats : ....

Fromages : ....

Dessert : ....

Vins : ....

Mes notes personnelles sur cette soirée...

Invitation du : ....

Chez : ....

Evènement fêté : ....

Personnes présentes : ....

....

J'ai apporté : ....

....

Ma tenue vestimentaire : ....

....

....

Le menu

Apéritif : ....

Entrée : ....

Plats : ....

Fromages : ....

Dessert : ....

Vins : ....

Mes notes personnelles sur cette soirée...

Invitation du :

Chez :

Evènement fêté :

Personnes présentes :

J'ai apporté :

Ma tenue vestimentaire :

Le menu

Apéritif :

Entrée :

Plats :

Fromages :

Dessert :

Vins :

Mes notes personnelles sur cette soirée...

Invitation du :

Chez :

Evènement fêté :

Personnes présentes :

J'ai apporté :

Ma tenue vestimentaire :

Le menu

Apéritif :

Entrée :

Plats :

Fromages :

Dessert :

Vins :

Mes notes personnelles sur cette soirée...

Invitation du : ....

Chez : ....

Evènement fêté : ....

Personnes présentes : ....

....

J'ai apporté : ....

.... Ma tenue vestimentaire : ....

....

....

....

Le menu

Apéritif : ....

Entrée : ....

Plats : ....

Fromages : ....

Dessert : ....

Vins : ....

Mes notes personnelles sur cette soirée...

Invitation du :

Chez :

Évènement fêté :

Personnes présentes :

J'ai apporté :

Ma tenue vestimentaire :

Le menu

Apéritif :

Entrée :

Plats :

Fromages :

Dessert :

Vins :

Mes notes personnelles sur cette soirée...

Invitation du :

Chez :

Evènement fêté :

Personnes présentes :

J'ai apporté :

Ma tenue vestimentaire :

Le menu

Apéritif :

Entrée :

Plats :

Fromages :

Dessert :

Vins :

Mes notes personnelles sur cette soirée...

Invitation du :

Chez :

Evènement fêté :

Personnes présentes :

J'ai apporté :

Ma tenue vestimentaire :

Le menu

Apéritif :

Entrée :

Plats :

Fromages :

Dessert :

Vins :

Mes notes personnelles sur cette soirée...

Invitation du : ....
Chez :
Èvènement fêté : ....
Personnes présentes : ....

....

J'ai apporté : ....

Ma tenue vestimentaire : ....

....

....

Le menu

Apéritif : ....

Entrée : ....

Plats : ....

Fromages : ....

Dessert : ....

Vins : ....

Mes notes personnelles sur cette soirée...

Invitation du : ....

Chez :

Évènement fêté : ....

Personnes présentes : ....

....

J'ai apporté : ....

Ma tenue vestimentaire : ....

....

....

Le menu

Apéritif : ....

Entrée : ....

Plats : ....

Fromages : ....

Dessert : ....

Vins : ....

Mes notes personnelles sur cette soirée...

Invitation du : ....

Chez :

Evènement fêté : ....

Personnes présentes : ....

....

J'ai apporté : ....

Ma tenue vestimentaire : ....

....

....

Le menu

Apéritif : ....

Entrée : ....

Plats : ....

Fromages : ....

Dessert : ....

Vins : ....

Mes notes personnelles sur cette soirée...

Invitation du :
Chez :
Evènement fêté :
Personnes présentes :

J'ai apporté :

Ma tenue vestimentaire :

Le menu

Apéritif :

Entrée :

Plats :

Fromages :

Dessert :

Vins :

Mes notes personnelles sur cette soirée...

Invitation du : ....
Chez : ....
Evènement fêté : ....
Personnes présentes : ....
....

J'ai apporté : ....

Ma tenue vestimentaire : ....
....
....

Le menu

Apéritif : ....

Entrée : ....

Plats : ....

Fromages : ....

Dessert : ....

Vins : ....

Mes notes personnelles sur cette soirée...

Invitation du : ....
Chez : ....
Évènement fêté : ....
Personnes présentes : ....

....

J'ai apporté : ....

Ma tenue vestimentaire : ....
....
....

Le menu

Apéritif : ....

Entrée : ....

Plats : ....

Fromages : ....

Dessert : ....

Vins : ....

Mes notes personnelles sur cette soirée...

Invitation du :

Chez :

Evènement fêté :

Personnes présentes :

J'ai apporté :

Ma tenue vestimentaire :

Le menu

Apéritif :

Entrée :

Plats :

Fromages :

Dessert :

Vins :

Mes notes personnelles sur cette soirée...

Invitation du :

Chez :

Evènement fêté :

Personnes présentes :

J'ai apporté :

Ma tenue vestimentaire :

Le menu

Apéritif :

Entrée :

Plats :

Fromages :

Dessert :

Vins :

Mes notes personnelles sur cette soirée...

Invitation du : ....

Chez : ....

Evènement fêté : ....

Personnes présentes : ....

....

J'ai apporté : ....

....

Ma tenue vestimentaire : ....

....

....

Le menu

Apéritif : ....

Entrée : ....

Plats : ....

Fromages : ....

Dessert : ....

Vins : ....

Mes notes personnelles sur cette soirée...

Invitation du : ....

Chez : ....

Evènement fêté : ....

Personnes présentes : ....

....

J'ai apporté : ....

Ma tenue vestimentaire : ....
....
....

Le menu

Apéritif : ....

Entrée : ....

Plats : ....

Fromages : ....

Dessert : ....

Vins : ....

Mes notes personnelles sur cette soirée...

Invitation du :

Chez :

Evènement fêté :

Personnes présentes :

J'ai apporté :

Ma tenue vestimentaire :

Le menu

Apéritif :

Entrée :

Plats :

Fromages :

Dessert :

Vins :

Mes notes personnelles sur cette soirée...

Invitation du :

Chez :

Evènement fêté :

Personnes présentes :

J'ai apporté :

Ma tenue vestimentaire :

Le menu

Apéritif :

Entrée :

Plats :

Fromages :

Dessert :

Vins :

Mes notes personnelles sur cette soirée...

Invitation du : ....

Chez : ....

Evènement fêté : ....

Personnes présentes : ....

....

J'ai apporté : ....

Ma tenue vestimentaire : ....
....
....

Le menu

Apéritif : ....

Entrée : ....

Plats : ....

Fromages : ....

Dessert : ....

Vins : ....

Mes notes personnelles sur cette soirée...

Invitation du : ....

Chez : ....

Evènement fêté : ....

Personnes présentes : ....

....

J'ai apporté : ....

.... Ma tenue vestimentaire : ....

....

....

Le menu

Apéritif : ....

Entrée : ....

Plats : ....

Fromages : ....

Dessert : ....

Vins : ....

Mes notes personnelles sur cette soirée...

Invitation du : ....

Chez : ....

Évènement fêté : ....

Personnes présentes : ....

....

J'ai apporté : ....

....

Ma tenue vestimentaire : ....

....

....

Le menu

Apéritif : ....

Entrée : ....

Plats : ....

Fromages : ....

Dessert : ....

Vins : ....

Mes notes personnelles sur cette soirée...

Invitation du :

Chez :

Évènement fêté :

Personnes présentes :

J'ai apporté :

Ma tenue vestimentaire :

Le menu

Apéritif :

Entrée :

Plats :

Fromages :

Dessert :

Vins :

Mes notes personnelles sur cette soirée...

Les bonnes recettes des copines

Titre de la recette :

....

≈≈≈≈≈≈≈≈≈≈≈≈≈≈≈≈≈≈≈≈≈≈≈≈≈≈≈≈≈≈≈

Ingrédients :

....
....
....

Préparation :

1. ....
2. ....
3. ....
4. ....
5. ....
6. ....
7. ....
8. ....
9. ....
10. ....

Cuisson :

Temps : ....
Thermostat : ....

Titre de la recette :

....

Ingrédients :

....

....

....

Préparation :

1. ....

2. ....

3. ....

4. ....

5. ....

6. ....

7. ....

8. ....

9. ....

10. ....

Cuisson :

Temps : ....

Thermostat : ....

Titre de la recette :

....

~~~~~~~~~~~~~~~~~~~~~~~~~~~~~~~~~~~~~~

Ingrédients :

....

....

....

Préparation :

1. ....

2. ....

3. ....

4. ....

5. ....

6. ....

7. ....

8. ....

9. ....

10. ....

Cuisson :

Temps : ....

Thermostat : ....

Titre de la recette :

....

∽∿∽∿∽∿∽∿∽∿∽∿∽∿∽∿∽∿∽∿∽∿∽∿∽∿∽

Ingrédients :

....

....

....

Préparation :

1. ....

2. ....

3. ....

4. ....

5. ....

6. ....

7. ....

8. ....

9. ....

10. ....

Cuisson :

Temps : ....

Thermostat : ....

Titre de la recette :

....

~~~~~~

Ingrédients :

....
....
....

Préparation :

1. ....

2. ....

3. ....

4. ....

5. ....

6. ....

7. ....

8. ....

9. ....

10. ....

Cuisson :

Temps : ....
Thermostat : ....

Titre de la recette :

....

Ingrédients :

....

....

....

Préparation :

1. ....

2. ....

3. ....

4. ....

5. ....

6. ....

7. ....

8. ....

9. ....

10. ....

Cuisson :

Temps : ....

Thermostat : ....

Titre de la recette :

....

❧✦❧✦❧✦❧✦❧✦❧✦❧✦❧✦❧✦❧✦❧✦

Ingrédients :

....

....

....

Préparation :

1. ....

2. ....

3. ....

4. ....

5. ....

6. ....

7. ....

8. ....

9. ....

10. ....

Cuisson :

Temps : ....

Thermostat : ....

Titre de la recette :

....

~~~~~~

Ingrédients :

....

....

....

Préparation :

1. ....

2. ....

3. ....

4. ....

5. ....

6. ....

7. ....

8. ....

9. ....

10. ....

Cuisson :

Temps : ....

Thermostat : ....

Titre de la recette :

....

~~~~~~

Ingrédients :

....
....
....

Préparation :

1. ....
2. ....
3. ....
4. ....
5. ....
6. ....
7. ....
8. ....
9. ....
10. ....

Cuisson :

Temps : ....
Thermostat : ....

Titre de la recette :

....

Ingrédients :

....

....

....

Préparation :

1. ....

2. ....

3. ....

4. ....

5. ....

6. ....

7. ....

8. ....

9. ....

10. ....

Cuisson :

Temps : ....

Thermostat : ....

....

Les bonnes idées

des copines...

...pour lancer les invitations

...pour élaborer le menu

...pour agencer la maison

(et que chacun puisse s'asseoir confortablement)

...pour indiquer

où se situent les commodités de la maison

...pour les présentations entre convives

qui ne se connaissent pas

...pour la présentation de la table

...pour animer la conversation

(et éviter les gaffes et les disputes)

...pour gérer le repas sans délaisser les convives

...pour l'animation après le repas

...pour l'ambiance musicale

...pour l'ambiance générale

Notes personnelles

Retrouvez dans la même collection :

- ➤ Le journal de mes réceptions
- ➤ Le journal de ma thérapie
- ➤ Le journal de mes voyages
- ➤ Le journal de mes sorties culturelles
- ➤ Le journal de mes balades et randonnées
- ➤ Le journal de mes sorties au restaurant
- ➤ Le journal de mes musiques préférées
- ➤ Le journal des phrases et citations que j'aime

Retrouvez chez le même éditeur :

Pour vous accompagner dans vos régimes alimentaires, je vous recommande les livres de Cédric Ménard, diététicien-nutritionniste :

Sur son site internet :

www.cedricmenarddieteticien.com

vous pourrez commander le carnet diététique qui correspond à votre profil.

A bientôt.